Totens

Sérgio Medeiros

TOTENS

Poesia
ILUMINURAS

Copyright © 2012
Sérgio Medeiros

Copyright © desta edição
Editora Iluminuras Ltda.

Capa
Eder Cardoso / Iluminuras
sobre *Cada mudança é um esforço de permanência* (2007 -)
de Tiago Romagnani Silveira

Revisão
Heloisa Hübbe de Miranda (Enrique Flores)
Júlio César Ramos (Os eletoesqus)

CIP-BRASIL. CATALOGAÇÃO-NA-FONTE
SINDICATO NACIONAL DOS EDITORES DE LIVROS, RJ

M438t

Medeiros, Sérgio
 Totens / Sérgio Medeiros. - São Paulo : Iluminuras, 2012.
 19 cm

ISBN 978-85-7321-369-0

1. Poesia brasileira. I. Título.

12-1323.　　　　CDD: 869.91
　　　　　　　　CDU: 821.134.3(81)-1

08.03.12　12.03.12　　　　　　　　　　　　033647

2012
EDITORA ILUMINURAS LTDA.
Rua Inácio Pereira da Rocha, 389 - 05432-011 - São Paulo - SP - Brasil
Tel./Fax: 55 11 3031-6161
iluminuras@iluminuras.com.br
www.iluminuras.com.br

SUMÁRIO

Introdução, 9

ENRIQUE FLOR

Prefácio, 15

1 Flower irlandês, 17

2 Flower/Flor brasileiro, 47

3 Flor português, 75

4 Flores, 89

5 Epílogo, 101

OS ELETOESQUS

O Novo Texto

Prefácio, 111

A & B, 113

C & D, 159

E & F, 163

O Antigo Texto

Prefácio, 169

Bafo, 171

Sobre os *eletoesqus* originais, 181

Sobre o autor, 183

INTRODUÇÃO

Reúno aqui dois livros, Enrique Flor *e* Os eletoesqus, *o primeiro concluído em 2011 e o segundo, em 2012, embora este seja muito mais antigo do que o outro, pois começou a ser escrito há dez anos. Ambos homenageiam um totem.*

O totem do primeiro é a floresta, tal como a viu o músico português Enrique Flor, especialista em música vegetal. O totem do segundo é o bafo do verão, algo muito familiar aos brasileiros.

Aprendi com os bororos a cultuar infinitos totens: o totem-rio, o totem-larva...

Aprendi com James Joyce a valorizar o sex appeal *desses totens, que são extremamente sedutores, ainda que às vezes nos assustem ou desgostem.*

Enfim, esses dois livros, embora diferentes entre si, testemunham minhas crenças totêmicas, que vêm se acentuando com os anos.

S. M.

ENRIQUE FLOR

Atlas, herbiers et rituels.

        Stéphane Mallarmé

As treeless as Portugal we'll be soon...

        James Joyce

Para John Cage, nascido cem anos antes deste livro e ainda novo em folha

Para a Dearcinha, sempre

PREFÁCIO

este livro apresenta a obra musical composições e concertos do meu antepassado português Enrique Flor
Henry Flower para a Irlanda e o Império Britânico
morou em Dublin na época de Joyce quando a Irlanda já estava tão desmatada quanto Portugal e atuou no romance *Ulisses* como músico num breve episódio repleto de madeiras
ansiava por melhores condições ambientais para exercer sua arte revolucionária
atraía-o particularmente as selvas das Américas

a arte de Enrique Flor é vegetal
tocava sobretudo nos matrimônios imediatamente atiçando e ativando
é o tema deste livro o *sex appeal dos vegetais*
devo essa expressão ao filósofo italiano Mario Perniola que em maio de 2010 me enviou um *e-mail* no qual não apenas menciona Gustav Theodor Fechner autor de um estudo sobre a alma das plantas *Nanna oder Über das Seelenleben der Pflanzen* como também faz a seguinte proposta que estimulou a elaboração destas páginas "Si potrebbe pensare ad un libro e mostra sul SEX APPEAL VEGETALE e il Brasile è proprio il luogo ideale!"

Florianópolis, 2010-2011

1 FLOWER IRLANDÊS

— Pinheiros

esse pequeno português de olhos verdes se dedicava inteiramente à música
(...)
em razão do caráter excêntrico e fortemente político da sua arte Henry Flower chegou a ser deveras popular em Dublin e talvez por isso nas suas ações mais clandestinas e infringentes Leopold Bloom tenha precavidamente adotado esse nome e sobrenome escrevendo no seu cartão Mr Henry Flower
os irlandeses acusavam o colonizador inglês de haver devastado as matas nativas e exigiam a imediata devolução das árvores que sumiram do solo pátrio
um dos *slogans* mais ouvidos então dizia "Save the trees of Ireland for the future men of Ireland!"

noivas e noivos o contratavam para tocar nos seus matrimônios
ao som da sua música árvores brotavam como os colunistas sociais da época não deixaram de registrar nos nomes e nos sobrenomes dos noivos
brotavam também nas roupas que vestiam
brotavam nos nomes e sobrenomes dos padrinhos
nas roupas dos convidados e dos garçons
desabrochavam flores em tudo e todos
brotavam ramos
galhos
árvores em profusão
o *sex appeal* vegetal superativado levava todos irresistivelmente ao jardim
Enrique Flor parecia reflorestar a Irlanda!
os opressores ingleses ficaram bastante alarmados
foi imensa sua estupefação e não menor seu ódio

e o português teve de tomar o rumo de casa!

o Brasil e não Portugal era seu destino aqui residiu como artista nômade nas primeiras décadas do século XX e graças à sua incomparável arte reinventou para sempre as nossas relações com matagais e matas
um belo dia Enrique Flor retornou ao seu torrão natal por motivos ainda ignorados
lá envelheceu em paz cultivando flores na pacata cidade de Pessoa

sabe-se que Flor entre outros feitos notáveis tocou no matrimônio de Miss Fir Conifer of Pine Valley
que se uniu ao chevalier Jean Wyse de Neaulan
"grand high chief ranger of the Irish National Foresters"

transcrevo a letra de um cântico de Flor que reimaginou esse matrimônio e influiu magicamente no ápice da cerimônia

*uma escultura no parque vestida de reflexos nervosos imagens sujas (dos que
vêm vindo) se fixam nela como insetos
sugam-na*

*a escultura — duas abundantes colheradas de mel denso curvas longas
prateadas — atrai corpos próximos que não se desgrudam
dela*

*como mel rijo a escultura se fixa firme no chão: duas colheradas redondas
reflexos escorrem derrete-se a
forma*

*imagens deslizam leves no mel também deslizante: um prédio se inclina e
sobe como um ramo uma pessoa se arredonda como folha um grupo é um
cacho que logo
se espalha*

*mulheres paradas são modeladas em cera mole e dela já não escapam suas
almas dentro da escultura passam porém pombas
voando*

*a escultura já abriga o matrimônio em massa e os noivos se aproximam
a toda pressa para serem lançados nela (um espelho de mel) e enquanto
afundam olham para cima e veem-se a si mesmos transfigurados em ramos
ou abelhas num redemoinho
feroz*

— Metempsicose

segundo o *Ulisses* o senhor Enrique Flor
no original "Senhor Enrique Flor presided at the organ with his wellknown ability etc."
era o *enfant terrible* do órgão por certo um precursor de Messiaen
e tocava "órgãos preparados" cheios de folhas ramos galhos flores troncos altos etc.[1]
quando o senhor Enrique Flor esteve no Brasil seu órgão preparado da maturidade já era uma selva
e em vez de incenso em volta tinha cipós caindo e se enredando uns nos outros

ao noticiar o matrimônio citado nas linhas precedentes certa folha registrou nomes que seguramente exalavam na esfera feminina ao menos o promissor *sex appeal* de uma Irlanda que se imaginava reflorestada já no início do século passado reproduzo a lista das 10 mais
Lady Sylvester Elmshade
Mrs Barbara Lovebirch
Mrs Poll Ash
Mrs Holly Hazeleyes
Miss Daphne Bayes
Miss Dorothy Canebrake
Mrs Clyde Twelvetrees
Mrs Rowan Greene
Mrs Helen Vinegadding
Miss Virginia Creeper

essas damas provinham todas de troncos antigos por isso exalavam também e sobretudo naquela cerimônia magistral um evidente *sex appeal* vegetal

---

[1] John Cage só inventaria o "piano preparado" décadas depois.

pois de seus corpos e de seus vestidos o passado mítico desabrochava intacto sob o avassalador estímulo do órgão de Enrique Flor como é fácil supor
não exagero nem falseio os fatos!
naquela ocasião Flor tocou e cantou composições de sua autoria como este cântico assustador e certamente profético já quase ao final da festa e que provocou *frisson* ao rememorar antigas raízes pagãs

*no vasto corredor a enegrecida múmia da noiva peruana recolhe-se
encolhe-se pequena casca de árvore casca enrugada num sono
seco*

*envidraçada até
o matrimônio?*

— Miss Galdyz Beech ao lado de uma Mogno

Enrique Flor mereceu unânime aprovação quando tocou sua versão pessoal da canção cujo refrão pede clemência para as árvores[1]
cito outra vez a sentença de Joyce reproduzida anteriormente pela metade "[...] and, in addition to the prescribed numbers of the nuptial mass, played a new and striking arrangement of *Woodman, spare that tree* at the conclusion of the service"
obviamente a atuação do nosso organista não se limitou a abrilhantar a cerimônia religiosa pois tocou e aí sim foi sublime conforme registraram os colunistas sociais da época seu órgão vegetal na concorrida recepção aos convidados
Flower instalou seu piano num imenso jardim junto da famosa estátua que representava ou representou à força de muita música vegetal o néctar das flores

acrescento o que registrou uma coluna social das mais lidas e que o *Ulisses* reproduziu com as alterações de praxe
nessa memorável noite se moveu ainda mais graciosamente Miss Gladyz Beech
que se pôs ao lado de Miss Olive Garth
que se pôs ao lado de Miss Blanche Maple
que estava ao lado de Mrs Maud Mahogany
que ficou ao lado de Miss Myra Myrtle etc.

sempre afeito a improvisos Mr Henry Flower dedicou versos inéditos ao rio Liffey e ao porto de Dublin onde um barco era amorosamente decorado para levar a nova Isolda a uma cabana longínqua mas não tão longínqua quanto a costa brasileira

---

[1] Na Irlanda, em 1904, como alardearam os jornais que consultamos, só restava 1% da floresta nativa.

por isso quem embarcou nessa grande nave viquingue foi o organista português!
e para o Brasil
na sua fuga ele ofereceu aos noivos embevecidos embarcação menor no entanto acolhedora quase uma cama como verificaram os complacentes padrinhos e testemunharam imparcialmente os colunistas sociais

o caiaque move suas únicas duas pétalas no mar traço que avança como um caule longilíneo que continuasse a

ah

ah

ah

— Faunos e raposas

Mr Henry Flower tocou em vários matrimônios ao longo de sua década irlandesa
mas destaquei a cerimônia que teve lugar na Igreja de Saint Fiacre *in Horto*
o Santo Padre abençoou os noivos e lhes enviou uma missiva papal!
mas não foram essas palavras papais que chamaram a atenção e sim as muitas sementes os muitos ramos os muitos galhos as muitas flores que ao som do alucinado órgão preparado foram lançados sobre os noivos cujo destino imediato era a Floresta Negra como escreveu Joyce no seu *Ulisses* "Mr and Mrs Wyse Conifer Neaulan will spend a quiet honeymoon in the Black Forest"

a presença de Miss Priscilla Elderflower foi devidamente registrada por uma das colunas sociais já mencionadas aqui
possuía voz madura encorpada e cantou gravemente uma das canções "orientais" do senhor Enrique Flor que apreciava os paralelos entre a Europa e as culturas animistas notadamente as asiáticas e africanas como ele próprio enfatizou naquela memorável noite

animista a letra dizia mais ou menos assim

*a ascendente raposa não titubeia no monte — passam sempre bambus pelos
seus olhos que só fazem abri-los e ela balança
um basto rabo
leve*

e se extravia

*bem acima folhinhas se agitam feito asas sem pouso ou
voo*

*a seus pés bocas rubras ofegantes
não tingem as águas
um peixe sobre o outro no fundo lamacento: seus olhos vivos
fixos*

— Epifanias

dançaram ao som da canção de Enrique Flor ninfas irlandesas como Miss Bee Honeysuckle
Miss Grace Popolar
Miss O. Mimosa San
Miss Rachel Cedarfrond
"the Misses Lilian and Viola Lilac" para citar literalmente certo magazine
e a sempre ou quase muda Miss Timidity Aspenall

cavalheiros distintos com charutos que eram decerto raízes tortas mencionaram nesse momento seus negócios investimentos em cravos videiras tulipas com espanhóis franceses e holandeses mas não com portugueses
no entanto o senhor Enrique Flor representava nesse momento e diante deles a possibilidade de "trade with Portugal"
e igualmente por que não? de "trade with Brazil"
o debate sobre o futuro dos homens da Irlanda era acalorado e solicitava com urgência o replantio da épica mata milenar mãe das antigas naus do comércio da independência!
as cinzas dessa mata mítica ainda se espalhavam pela ilha

por acaso não percebiam esses cavalheiros que Henry Flower poderia recuperar seus antigos hortos quase imediatamente?

muitos casais futuros nubentes ainda giravam perto dali na pista de dança

rodeada de folhas se inquieta e estremece a pomba um tanto suja mas branca detrás do tronco deitado no charco — as asas cruzadas sempre soerguidas como orelhas
de coelho

— Jardins

enquanto os *lazy Dubliners* punham os olhos na Europa continental o organista fazendo soar suas campainhas já se deslocava para as Américas e concluiu astutamente que necessitava de uma embarcação adequada a grande nau viquingue para concretizar a travessia
numa pausa ouviu um cidadão pronunciar e isso lhe pareceu bom presságio estas exatas palavras "— And with the help of the holy mother of God..." então as repetiu para si baixinho e acrescentou "... eu me vou"
a viagem que desse momento em diante começou a planejar minuciosamente não seria a primeira nem a última
numa carreira como a dele os deslocamentos eram o meio de sobrevivência
o compositor Flor excursionara pelos condados da Irlanda plantando mudas como dizia ao expor de viva voz a filosofia de sua arte
agora pretendia adentrar a mata primordial onde sua arte ousaria mais e abaixo do Equador faria freneticamente quantos enxertos pudesse

numa de suas excursões musicais pelo interior e pelo litoral encontrara a insinuante Mrs Kitty Dewey-Mosse
que agora estava à sua frente ao lado de Miss May Hawthorne e abraçou um totem altíssimo que fora trazido dos portos canadenses para Galway e de Galway para Dublin
o senhor Flor sentiu que certas damas de elevada estatura ficavam enredadas no seu órgão e nesse totem revestido de folhas pintadas
porém essa espanhola de Galway era um caso à parte

era viúva e aproximando muito perto seu rosto do dele sempre abraçada ao tronco canadense indagou se não devia declamar "aquelas flores" versos dedicados a ela versos sonhadoramente eróticos e/ou simplesmente objetivos
diziam com suave acompanhamento musical

no vaso escuro a flor carnívora se expande e se contrai trêmula flor de rica musculatura

um besouro passa entre as hastes do arbusto qual um macaquinho reluzente a tocar nelas levemente sem descanso e se lança impetuoso na tarde que se lhe abre
vasta

ao redor da clareira se empertigam troncos altíssimos e uma carroça vazia cruza o círculo de areia
branca

— Sereias

se pudesse levar uma dessas madeiras de lei reflete o senhor Enrique
Flor creio que convidaria Mrs Gloriana Palme
posso imaginá-la úmida no barco depois de nadar comigo no mar do
Caribe
a tempestade tropical nos faz rir

isso pensou o senhor Enrique Flor enquanto Mrs Gloriana Palme
amparava o marido bêbado fazendo-o sentar-se numa poltrona
providencial coberta de pétalas e logo de vômito
os dois praguejaram xingando-se sem cerimônia
o bêbado cuspiu num vaso de flores e em si mesmo depois se limpou
a um lenço florido Mrs Gloriana Palme voltou o rosto para a pista
de dança e encarou longamente o senhor Enrique Flor porém sem
expressão
olhos de peixe morto

ele cantarolou para si mesmo uma nova melodia sem parar de bater
freneticamente nas madeiras
então seu órgão assobiou outra coisa e as duas melodias se misturaram
e animaram a dança

*a pedra lisa tem
escamas*

*os olhos da estátua no jardim se viraram para dentro sobre os lábios fechados
calmos*

— Ainda *the fashionable international world*

o senhor Enrique Flor balançou afirmativamente a cabeça quando um excitado jornalista usando um paletó musgoso chamou-o a um canto e leu em voz alta solicitando talvez sua aprovação o início da reportagem sobre o matrimônio do chevalier Jean Wyse de Neaulan com Miss Fir Conifer of Pine Valley "The fashionable international world attended *en masse* this afternoon at the wedding of the..."
além desse começo de frase o jornalista não tinha mais nada de interessante para ler então se pôs a escrever a continuação da matéria
o senhor Enrique Flor se afastou mastigando as flores da salada e à medida que sorria tolamente imergia em devaneios
os convidados se agitaram no jardim da mansão dos ilustres pais da noiva e em breve em massa eles se dirigiriam ao rio Liffey onde tochas já ardiam enfileiradas no porto e dentro da água ou flutuando na corrente

ao passar pela mesa em que se sentara a espalhafatosa Mrs Liana Forrest que não andava mais e se rodeara de velhas amigas mãos finas e enluvadas o detiveram não pôde avançar nem mais um passo em direção ao jardim mas a expressão *en masse* lhe pareceu nesse momento verdadeira inclusive teve de se sentar no colo duro de uma desconhecida imaginou-a uma cadeira angulosa que usava chapéu florido e lhe pediu poesia

aspirando e mastigando sedosas pétalas amarelas e vermelhas que as abas dos chapéus haviam introduzido delicadamente e repetidas vezes na sua boca o senhor Enrique Flor cantarolou como pôde duas árias ambas tipicamente suas

*um ramo florido sobre os paralelepípedos da rua carruagens desviam dele
e seguem avante
vociferando*

["mais!" gritaram eufóricas as madames de mãos dadas em volta da mesa e o artista inspirado ou sem outra opção prosseguiu]

*mulheres paradas são modeladas em cera mole e dela já não escapam suas almas dentro da escultura passam porém pombas
voando*

— Verdeamarelo

um festejado colunista afirmou que "Mrs Arabella Blackwood and Mrs Norma Holyoake of Oakholme Regis graced the cerimony by their presence" notícia publicada num magazine que o senhor Enrique Flor não pôde ler porque a essa altura ele e Mrs Arabella Blackwood já navegavam juntos prestes a realizar a travessia do Atlântico
Mrs Arabella Blackwood citada no referido magazine e em muitos outros agora se sentava diante dele e parecia decidida a cumprir a promessa de ir até as selvas negras das Américas

Mrs Arabella Blackwood recordou o momento em que Isolda entrou no caiaque sob uma súbita chuva de folhas ramos flores

o senhor Enrique Flor ouviu atentamente a narração da companheira e depois se sentiu impelido a cantar uma cançoneta que bem poderia agradar aos marinheiros à volta deles muito interessados em todos os detalhes do fascinante matrimônio *sobre os barcos ancorados pendem galhos enredados em filamentos cor de palha*

pendem uns galhos como sacos até a boca abarrotados de flores

do pulso duma arvorezinha saem dedos disformes que rasgam a estopa mais fina se dispersam folhas sem vento

mãos ásperas de outros pulsos perfuram o galho redondo mais abastado separam as folhas contra o céu vermelho esfumaçado

*mas escurece e as mãos crispadas nada cedem
à correnteza*

— Devaneio português

Mrs Arabella Blackwood estava em pé na primeira fila quando a noiva foi conduzida ao altar e enfatizou por amor à precisão pelo seu progenitor "the M'Conifer of the Glands"
uma bela noiva envolvida em seda verde completou o senhor Enrique Flor que nesse momento ao relembrar a cena bebeu um gole de íntimo mal-estar!
Miss Fir Conifer of Pine Valley ressurgiu momentaneamente ante seus olhos não como uma noiva mas como um vegetal na palma fria de uma mão católica romana
essa mão papal o incomodava não a visão do vegetal aparentemente congelado
para Arabella no entanto Isolda era entre outras coisas um jovem pinheiro entre pinheiros de meio século todos felizmente eretos se bem que um ou outro inclinado estorvasse os demais e ameaçasse tombar se não agora já no próximo outono

Enrique Flor regeu o órgão com ímpeto quando pai e filha pisaram o espesso tapete de folhas estendido entre os múltiplos pinheiros
passaram então por sua cabeça certas imagens nítidas e esse devaneio curioso tentaria relatar aos presentes Mrs Arabella Blackwood dois marinheiros um cozinheiro etc.

["então?" indagou o desagradável cozinheiro que já se impacientava com o silêncio do narrador]

— Harpa paraguaia

para homenagear as damas de honra Miss Larch Conifer e Miss Spruce Conifer irmãs da noiva o senhor Enrique Flor tocou a *Canção da Garça* não tinha letra e era chamada de canção emplumada ou "in the form of heron feathers"
as duas estavam nessa noite de verde e de fato emplumadas na igreja e depois na mansão e à margem do rio Liffey
eram galhos e pássaros esvoaçantes

essa canção em forma de plumagem foi tocada como relembrou um excitado Henry Flower ele bebera rum na anárquica festa pagã e não na pomposa e tediosa cerimônia religiosa

---

passadas tantas semanas o senhor Enrique Flor confessou pálido nenhum marinheiro à vista que ainda não pusera letra na dita canção
Arabella à frente dele olhava o mar com uma talhada de melancia na mão e pediu que ele escrevesse logo a letra
aumentara muito o calor e ela se abanava com enorme folha em forma de coração
ele lhe prometeu que mais tarde na selva fabulosa escreveria essa e outras letras

o senhor Enrique Flor mudou de assunto e fofocou que naquela noite Miss Dorothy Canebrake e Miss Spruce Conifer perseguiram alucinadas dois penetras que haviam metido os braços através de uma cerca viva mas elas os agarraram quase prontamente e os puxaram para o escuro além da sebe

essa cena inspirara ao artista uma composição que ele rotulou de paraguaia e certamente seu sabor era latino e não céltico e falava de uma harpa que lhe fora furtada havia anos

formigas carregam harpas verdes
cruzam com outras com tambores igualmente verdes

— De joelhos e em pé!

o senhor Enrique Flor e Mrs Arabella Blackwood chegaram à costa brasileira abraçados a um tronco de árvore tão comprido quanto um totem canadense
puseram os joelhos no Maranhão e abraçaram-se felizes e continuaram ajoelhados na areia branca como um lençol sem se desgrudar um do outro

Mrs Arabella Blackwood quase não podia crer que apenas dois três anos antes estivera conversando sobre viagens com Mrs Rowan Greene e o pai de Miss Fir Conifer of Pine Valley num cultivado jardim de Dublin com estátuas de mel
agora náufraga se arrastava de joelhos numa praia ardente de uma costa selvagem

para testar a lucidez do maestro desnudo e em êxtase a seu lado ela lhe perguntou se ele ainda se lembrava de que tocara *Woodman, spare that tree* ao final de uma cerimônia religiosa em Dublin muitos muitos anos atrás

de braços abertos um trêmulo Enrique Flor se levantou e entoou em solo brasileiro pela primeira vez uma canção irlandesa e bateu fortemente o pé na areia

num matagal nas colinas uma carroça necessitando reparos se agita febril e sem propósito enquanto próximo dali alguns homens conversam à espera de que voltem os cavalos
velozes

suado imundo o jardineiro circula de boné branco pelo jardim seu boné subitamente iluminado pelo sol é mais branco do que o toldo estendido sobre as espreguiçadeiras
de madeira

2 FLOWER/FLOR BRASILEIRO

— Retrato do artista no paraíso

como precisasse de fundos para prosseguir viagem por rotas ainda desconhecidas com Arabella a seu lado não ocorreu ao senhor Enrique Flor outra ideia senão tirar da manga uma partitura da selva e reger seu órgão preparado seu instrumento totêmico
dominava a língua do lugar e podia entoar com facilidade canções em português do Brasil
mas o órgão estava em frangalhos
ainda não o reconstruíra e dele sobrara apenas um tubo um tronco

talvez naquela situação difícil até funcionasse razoavelmente bem já que havia muitos outros troncos iguais a perder de vista todos à disposição de Flor
a gesticulação copiosa a voz enérgica do artista impressionavam e era de se prever que os ouvintes satisfeitos encheriam de cédulas o chapéu de palha do maestro

tocando fogoso seu órgão selvagem Henry Flower casou um Carneiro com uma Leitão casou uma Carvalho com um Pinheiro casou um Laranjeira com uma Loureiro casou uma Lima com um Rocha casou uma Pedra com um Barata
e foi casando árvore com árvore e árvore com bicho e árvore com pedra riacho nuvem lagoa etc. sobretudo com pássaros
era assim ao menos que resumia para si mesmo num diário de viagem (item raro de uma secreta coleção de antiguidades musicais ameríndias[1]) sua atual atividade de organista-compositor num dos paraísos terreais

Mrs Arabella Blackwood pretendia visitar o rio Amazonas e as cataratas do Iguaçu quando possível mas como o terreno era bastante virgem seguia os passos do senhor Enrique Flor assumindo o papel de segunda voz

---

[1] Essa coleção, não disponível para o público, estaria guardada no *Conservatoire* de Paris.

seu desempenho era elogiado e o acentuado sotaque não prejudicava em nada a apresentação conforme lhe asseguraram alguns amigos em seus efusivos e sinceros cumprimentos

e assim sob o sol da manhã pegaram a estrada e desapareceram subitamente na imensa sombra que cobria a reta
as árvores eram altas de ambos os lados

— Diálogos com o artista (I)

o terreno vazio entre a choça do senhor Enrique Flor e a selva parece servir de caixa para a borboleta escura que indecisa não segue adiante e volta aloprada percorrendo de novo a parede de barro ou a orla da mata num ir e vir incansável
mas graças a esse exercício toma sol e brilha

"não mais e melhor?" se perguntou o senhor Enrique Flor sentado diante do seu órgão ainda e para sempre em construção cujos tubos eram palmeiras altíssimas e o teclado caroços secos "incorporei à minha música o canto dos pássaros as cores da plumagem das aves americanas"

e ficou ouvindo deliciado o canto de milhares de pássaros "existe na minha música essa justaposição da fé panteísta ao mito de Tristão e Isolda e à utilização do canto dos pássaros" "há de agradar aos sul-americanos! como agradará aos portugueses!" "essa cascata corre nas veias da gente!"

"a sonoridade natural ainda é a maior característica da minha música" concluiu o senhor Enrique Flor retrocedendo às origens ancestrais da sua arte pelo menos assim o sentiu vendo a mata defronte e admitiu que sua arte era tão brasileira quanto portuguesa mas provinha igualmente da época pagã da *Norma* de Bellini

"e quantos pastiches voluntários!" confessou exibindo seu sorriso mais travesso "um falso Bach aqui um falso Mozart ali uma vez ou outra um falso Schumann também um falso Debussy pois admito sou o mais moderno dos selvagens!"

"posso afirmar que quis exprimir em Dublin a maravilha do matrimônio vegetal!" exclamou o senhor Enrique Flor concluindo a lição daquela manhã e seus alunos agradeceram e correram imediatamente para a mata

num capinzal à beira da estrada que conduzia à choça do senhor Enrique Flor uma escura carroça sem rodas com a traseira pousada sobre grandes pedras úmidas enferrujadas aguardava conserto como um inseto que se posicionasse para botar ovos a sua longa tromba voltada para o chão

o senhor Enrique Flor regeu o órgão impetuosamente e uma ventania súbita formou um redemoinho no pátio e Mrs Arabella Blackwood que vinha chegando abraçada a um cará que parecia um tambor com o couro inchado ficou no meio dele e vestiu um cone diáfano de poeira assentado no chão
apesar de sufocada sentiu-se profundamente wagneriana

— Diálogos com o artista (II)

certamente o órgão do senhor Enrique Flor estava vivo era algo natural
uma orquestra vibrante
e o músico regia de olhos fechados as palmeiras os caroços as lianas as raízes o barro e a grama
passarinhos vinham de todos os lugares e se mesclavam aos ramos verdes do órgão

os filhos do mato que assistiam a tudo imitaram o professor mas timidamente ou sem convicção
um jovem porém se entusiasmou fez gestos desmedidos levantou-se várias vezes mexeu os braços agitou os dedos fechou os olhos
alcançou enfim o efeito desejado e impressionou deveras o mestre português

"o canto gregoriano é obra de monges muito sábios" opinou o senhor Enrique Flor o pagão "é uma arte extraordinariamente refinada do ponto de vista melódico e rítmico uma arte que data de uma época em que a harmonia não existia na arte ocidental em que se ignorava o... o..." o mestre buscava a palavra justa mas não a encontrou então praguejou depois de cuspir bruscamente "calor infernal!"

os alunos aprovaram o veredicto do mestre emitindo em uníssono com a boca sons estranhos e permaneceram sentados debaixo de longas folhas de bananeira

"o canto gregoriano não necessita do meu órgão" bradou algo enfurecido o professor "o canto vegetal sim pois o canto vegetal exige acompanhamento pois é matrimônio folhagem com folhagem folhagem com pássaros folhagem com vento folhagem com gente perus e cachorros! eu agrego a esse canto vegetal mais vegetais e mais pessoas e uma harmonia portuguesa e outra irlandesa sem destruí-lo!"

"e uma harmonia ameríndia!" ecoou o discípulo que pouco antes se destacara como regente e que agora decidira ficar em pé ao sol diante do mestre pois não apreciava a umidade das bananeiras infestada àquela hora tórrida de insetos virulentos

o senhor Enrique Flor apreciou a intervenção do talentoso rapazinho e fez-lhe um espantoso sinal de aprovação
ele olhou para os condiscípulos que já escapavam amedrontados para a mata

"o matrimônio para mim encerra a ideia de um amor fatal de um amor irresistível não só entre as plantas e as pessoas" confidenciou-lhe o senhor Enrique Flor "em certos casos conduz à morte mas afirmar isso é já lançá-lo a uma escala cósmica divina e eu... eu não suportaria que me tomassem por um missionário cristão!"

— Diálogo com o artista (III)

"acrescentarei apenas" diz o professor ao rapazinho enquanto ambos chupam e mastigam uma jaca disputando a fruta gosmenta e perfumada com centenas de abelhas embriagadas "que não concebo nenhum limite entre o som e o ruído tudo representa a música"

atrás da choça Mrs Arabella Blackwood admira um cacto seco e se indaga se aquilo não seria um caimão empalhado cinza escuro inclinado no ar ou talvez um galho queimado ou ainda um osso antigo desenterrado repentinamente

as formigas atraídas pelo suco das frutas chamam a atenção do senhor Enrique Flor que pensa ao vê-las tão numerosas indo e vindo em longas filas sinuosas numa sinfonia então sonha em ler ao menos uma página dessa partitura natural e de imediato arrasta o aluno para perto de um tronco que se divide em dois

num deles as formigas descem e sobem sem parar e o senhor Enrique Flor e o discípulo se concentram no exame desse tronco

as formigas que descem não são visíveis as que sobem sim e elevam a parte posterior do corpo como prestes a sair voando

as formigas que descem invisíveis carregam folhinhas isso se vê verdes pedacinhos redondos ora triangulares como harpas ora finos e longos trêmulos as formigas que sobem visíveis sobem de patas vazias tanto que até as abanam

as formigas que descem se reúnem às vezes formam um bloco de formigas invisíveis permanecem na parte detrás do tronco examinado pelos músicos depois elas se separam sem perder ou trocar a carga que segue sempre à vista

as que sobem não voltam atrás vão em frente até atingir o verde
almejado as folhas viçosas

— Diálogo com o artista (IV)

o rabo do lagarto desaparece rápido no chão entre vasos de flores como a réstia de sol entre as bananeiras no fundo úmido do quintal subitamente enegrecidas

o fim das aulas foi antecipado por causa da chuva iminente uma bola de borracha desassossegada bate soando como um tapa na parede de barro pequenas bolhas de sabão elevam-se tranquilas diante da porta de madeira e desaparecem antes de roçá-la

dois bois desengonçados e quase iguais de pernas longas parecem querer saltar juntos para a frente entre crianças que quebram cocos numa pedra chata

diante de um arbusto barulhento o senhor Enrique Flor e Mrs Arabella Blackwood esperam as duas carroças que os levarão embora nessa manhã tempestuosa "rumo ao coração da selva infindável" enfatizou várias vezes o organista enquanto se despedia de olhos marejados dos indígenas

o artista calcula quantos matrimônios ainda realizará muitos certamente pois seu instrumento musical será novamente reconstruído na selva amazônica "com absoluto sucesso" os testes que ele mesmo já realizou na aldeia auxiliado por seu discípulo deixaram-no entusiasmado

o arbusto atrás dos dois estrangeiros estremece inteiro e parece cheio de pássaros saltando de galho em galho uma vez ou outra com o canto do olho o senhor Enrique Flor observa um passarinho que desce e sobe sem parar a fim de tomar conta de um ninho ralo mas é quando os galhos se agitam e se debatem que o músico fecha os olhos de puro prazer "as cores de um arbusto são complexas e estão ligadas a acordes e sonoridades igualmente complexos" comentou o senhor Enrique Flor quase ao pé do ouvido do discípulo que a pedido de Mrs Arabella Blackwood levava na mão um ninho acondicionado num coco-da-baía partido ao meio com filhotes se remexendo num tufo cinza azulado de pelos arrepiados "a música não é cinzenta a cor que ouço ao tocar esse órgão que levarei para longe daqui é uma cor violenta violentamente verde sem excessiva presunção uma etapa indispensável da pesquisa musical moderna"

"as fontes da sua linguagem..." comentou o rapazinho mas foi interrompido pelo mestre que continuou falando baixo a fim de não perturbar os filhotes cabeçudos

"a minha linguagem tem uma terceira fonte os pássaros o canto dos pássaros algo que advém do meu amor à natureza que é a outra fonte a segunda e a mitologia é a fonte primeira mitologia irlandesa Tristão e Isolda o infinito amor o matrimônio cósmico"

as carroças se aproximam devagar saindo de bambus escuros e compactos como um paredão uma rocha em pé que alterasse sem cessar a aparência sem rachar ou soltar lascas
e pó

"de fato o plural 'cantos' é melhor neste caso que 'canto' simplesmente os pássaros têm timbres muito variados alguns apresentam verdadeiras melodias de timbres" continuou o senhor Enrique Flor dando um passo avante em direção às carroças que chamara para levá-lo embora sob nuvens assustadoramente volumosas "ouço às vezes numa mesma frase quatro ou cinco timbres diferentes"

cachorros se aproximam caminhando diante das carroças tortas que param entre montes de areia grossa e pedras talhadas espalhadas na entrada da aldeia

cachorros negros como duas estátuas atentas tomam conta dos veículos cheirando um o chão e o outro o ar sem esboçar movimentos

sementes cabeludas voam sobre todas as cabeças que embarcam nas carroças flutuam tranquilas em pequenos grupos que se deslocam no mesmo ritmo uma lufada as dispersa

um couro de vaca é estendido sobre a carroça onde o senhor Enrique Flor se senta ao lado do discípulo
Mrs Arabella Blackwood e uma índia guarani oriunda do Paraguai onde afirma ter nascido embarcam na outra carroça sentam-se ambas também sob um couro de vaca que estremece sonoro

"as aves e a vegetação me servem de modelo" repete mecanicamente o senhor Enrique Flor ao ouvir a chuva torrencial rebentar em aplausos desmedidos

o condutor da carroça avisa que estão atolados e todos deverão descer para passar a noite na aldeia de onde não saíram ainda

— O músico e o arco-íris

*Homenagem a Olivier Messiaen,
compositor cristão*[1]

tinha um riacho na floresta que era claro e nesse riacho claro um poço
que era escuro com uma cobra grande dentro
começara a garoar mas Enrique Flor que era encalorado saltou na água
e foi nadando até o poço onde afundou

quem ficou na margem esperando pela volta dele ouviu no poço uns
ruídos abafados e prestou atenção
não garoava mais e os pássaros cantaram e esvoaçaram sobre o riacho

Enrique Flor veio à tona enrolado em cipós como esses peixes que
ficam intoxicados quando os pescadores lançam timbó na água

o músico olhou para o céu e viu um arco-íris se acendendo o arco-íris
tinha emergido junto com ele como se ele o tivesse trazido para fora do
fundo do poço

---

[1] Durante largos anos cuidou da coleção de antiguidades musicais ameríndias do Conservatório.

— O músico e os carrapatos

a anta grávida foi morta a flechadas na floresta não muito longe do acampamento

ao lado do corpo dela os caçadores viram um rapazinho atônito com vários colares de carrapatos vivos
ele havia desaparecido da aldeia que ficava longe dali meses atrás

Enrique Flor saltou da rede e foi para lá correndo apesar de grave infecção nos pés[1] e percebeu assombrado que os carrapatos não eram carrapatos eram pérolas

o rapazinho mais tarde lhe confirmou que eram efetivamente pérolas

mas sua avó então lhe deu um banho demorado como se as pérolas fossem efetivamente só carrapatos

---

[1] Provavelmente, algumas fêmeas de um famoso inseto sul-americano, conhecido como bicho-do-pé, penetraram com seus abdomes cheios de ovos nos pés de Henry Flower, que assim ficaram grávidos, ou inchados.

— A divisa do músico, cantarolada pelo resto da vida

ã – tã-tã-tã-tã-tã!

— Diálogo com o artista (V)

*nuvens sobre o cerrado são lascas de madeira branca com casca azulada acumuladas
e
defronte delas nuvens finas persistem em pé como rastro de pó que se alongasse
sempre*

caminhando com dificuldade diante da carroça o senhor Enrique Flor se dirige à cidade de Cuiabá que já é antiga e lá espera ser recebido pelo Bispo e realizar dois três ou mais matrimônios

a índia guarani comenta que Assunção está longe mas acrescenta que o rio Paraguai está próximo e ele a levará para casa
Mrs Arabella Blackwood também tomará o navio em Cuiabá e navegará sem interrupção até Assunção
lá como foi informada uma irlandesa Mrs Elisa Lynch tomou o poder

"já foi deportada" diz a índia sem faltar à verdade

um urubu instável some e ressurge mais à frente isso várias vezes sob o sol forte e inclina-se para um lado e para o outro como uma folha seca sem rumo

à *beira da estrada um toco empoeirado parece um gordo pé de porco saindo para fora da cova*

"tenho um grande amor por esse órgão" afirma o senhor Enrique Flor apontando primeiro para o toco como se o toco fosse um pedal e depois para o urubu como se o urubu estivesse assentado de asas abertas num dos tubos ou representasse talvez a estatura do órgão
ou seu ir e vir aludisse ao ritmo da música vegetal

"tenho grande amor por esse órgão porque me permite criar timbres novos... eu me ponho de joelhos diante dos timbres que ele me oferece!"

efetivamente o senhor Enrique Flor caiu de joelhos no chão esturricado a carroça parou ou já estava parada quando o compositor secou com a mão o suor do rosto e suspirou

"tudo isso é monumental" confessou o senhor Enrique Flor agora deitado numa maca "sou herdeiro de Berlioz!"

— Diálogo com o artista (VI)

uma escada manchada de tinta aberta na calçada lança sua sombra no muro de pedra e do outro lado do beco também aberto um guarda-sol vermelho as abas caídas levemente trêmulas desloca-se vagaroso

o senhor Enrique Flor sentado sob o providencial guarda-sol vermelho assiste à preparação do seu famoso instrumento o qual espera reger nessa noite num matrimônio que se as suas expectativas se confirmarem haverá de contorcer um pouco mais o cerrado

"um enxerto no coração da América do Sul!" repete entusiasmado o senhor Enrique Flor
parecia-lhe decerto um milagre ter-se recuperado tão prontamente na capital do Mato Grosso como decerto lhe parecia também um milagre haver sido capaz de retirar da selva o seu precioso órgão

"um órgão que foi úmido e gotejante lá e será seco e inflamável aqui" exulta o português

ao tomar sol o lagarto curva o rabo e traz sua extremidade para junto do corpo amarelo esverdeado parecendo mais um cadeado aberto que enferrujasse ao ar livre para sempre esquecido ali

para tranquilizar Enrique Flor o discípulo repete a lição "também considero que o ritmo é a parte primordial e talvez essencial da música" e o mestre sorri aprovando com a cabeça

"tenho uma preferência secreta por esse elemento" repisa Henrique Flor "uma música rítmica" "a superposição das vozes da natureza..." balbucia o discípulo não apenas para adular o mestre mas já ensaiando os primeiros passos na área da composição musical

o mestre bebe longo gole de água com pó de guaraná secando o copo e lançando um olhar sedento para a moringa mais próxima

o discípulo começa a ralar o duro guaraná

— As estrelas da companhia

Mrs Arabella Blackwood esperava contemplar infinitas vezes nessa noite o Cruzeiro do Sul e por isso examinou o tamanho das nuvens que se moviam no céu mais alto que já vira

sentindo-se tonta apoiou-se num totem e balançou todo o órgão do senhor Enrique Flor

— Diálogo com o artista (VII)

"na catedral Mr Henry Flower tocará naturalmente o órgão da catedral" esclareceu o incansável discípulo do organista-compositor irlandês (agora o tratavam assim) a um dos padrinhos que farejava animismo ou bruxaria no ar "aqui porém ele tocará seu órgão vegetal"

um outro padrinho este da noiva ouviu a explicação postado atrás do padrinho do noivo e balançou afirmativamente a cabeça dando ao rapaz seu consentimento para que prosseguisse com a instalação do órgão no quintal
assim a objeção e a aprovação empataram e o senhor Enrique Flor piscou para o discípulo dando a entender que a vitória era deles e não do padrinho do noivo

de fato esse padrinho se afastou resignado e desapareceu do quintal deixando o outro senhor livre para expressar grande entusiasmo pela música vegetal e pela instalação do órgão naquela casa

"como acontece entre os pássaros o canto por aqui é apanágio do macho que canta para seduzir a fêmea" comentou o padrinho da noiva depois de ouvir o senhor Enrique Flor discorrer sobre as três fontes da sua linguagem musical
porém as palavras desse senhor cuiabano estavam impregnadas de machismo latino-americano e desagradaram ao admirador da cantora Molly Bloom ótima garganta

"também há cantos sem função" explicou o senhor Enrique Flor "em toda a natureza"

"então ouviremos ritmos naturais bem marcados e variados" disse o padrinho da noiva aparentando ser grande conhecedor de música moderna "e acompanharão melodias de timbres..."

a sra. Leitão Pereira tia da noiva apareceu de repente trazendo curau numa bandeja de madeira e o padrinho da noiva deu um salto na sua direção quando as tacinhas tilintaram ameaçando vir ao chão
a sra. Leitão Pereira havia tropeçado numa raiz exposta que se ligava ao órgão vegetal de Henry Flower

— ABCdário do matrimônio

A)
um inseto boia no vinho e brandamente é trazido para cima
numa unha pintada que lhe serve de maca ganha vida fora da taça
quando esvoaça choca-se em
velas ardentes escorre de
costas numa flor que
enfeita a mesa
calcinado

B)
uma planta amolecida pende longa e alcança
o piso onde põe uns pés lilases de aves mortas
pés iguais um sobre o outro
insensíveis à música
incidental

C)
o Cruzeiro do Sul se embaça

D)
vindo anunciar chuva a libélula agarra-se à ponta
de um galho fino sem folhas sugando-o sofregamente
o galho verga sob o peso de quatro folhas
transparentes

E)
com bordas onduladas um vaso cheio apenas de areia escura
ao lado de outro igual cheio de
flâmulas verdes muito
agitadas

F)
um sapo recua até as pedras do muro
onde se aloja olhando a pista
de dança

G)
com asas brilhantes mal fabricadas
o besouro cruza a sala
velocíssimo

H)
sobre uma bromélia verde e rosa gotas vermelhas
só se balançam

I)
a taturana cuida bem dos pelos
nenhum amassado

J)
sob um tronco caído um rato move
a cabecinha então escorre lento para
fora

K)
um arbusto volumoso empana a parede e se remexe
explora-o por dentro talvez um gato um gambá
contudo salta de repente para fora dele
um pássaro de rabo longo que passeia então
sobre o telhado como um gato um
gambá

— Outras cenas do matrimônio

"a chuva é material maleável! o vento é material maleável!" ouviu-se em meio ao tumulto da tempestade a voz rouca e eufórica do senhor Enrique Flor "já reproduzi com exatidão uma tormenta!"

no meio da pista de dança uma folha marrom se desloca como um ponteiro de relógio em meio a folhas verdes que estremecem e quando todas as verdes se acalmam a folha marrom ainda gira impassível

o zumbido do vento cessa completamente

os lampiões de gás se apagaram as velas fedem porém as chamas logo voltam a brilhar um corre-corre no quintal de madrinhas e criadas todas empenhadas em avivá-las ou acendê-las de novo

L)
uma rãzinha voa afoita
as longas pernas traseiras
estendidas para trás e pousa num braço moreno
que descansa

M)
o murmúrio dos galhos plana
sobre a pista de
dança

— Duas cenas (secretas) do matrimônio

X)
caem da árvore penas cinza que se espalham numa toalha desfiada como pedaços de franja
....
também se espalham no piso nos vestidos
....
penas curvas retas hirtas duas quebradas uma torcida úmida
....
o noivo chama o gato da casa em vão todos chamam a arara albina que fugiu do aro finalmente a noiva joga para o alto o buquê

Y)
Mrs Arabella Blackwood ao lado da índia guarani que na verdade é cidadã argentina e se chama Rosa Frutos como ela mesma lhe revelou nessa noite admira o vestido longo da Sra. Canabrava Carneiro coberto de penas umas cor de cinza outras rosa então repete sonhadoramente a frase ouvida em outro matrimônio "... in the form of heron feathers..."

entre uma e outra aparição de gatos e araras flores vermelhas giram como hélices ou ofegantes e balofas são lançadas longe sobre o beco onde se aglomeram dúzias de bororos

— Cenas (finais) do matrimônio

Z)
(agora) uns bambus recostados
ao muro escuro como uma vassoura
ruídos de uma porta batendo
e outra se abrindo árdua

A)
recolhidas ao pátio molhado
aves vagam tranquilas na
penumbra

unidos com o sol seus gritos
agudos correrão e voarão

3 FLOR PORTUGUÊS

— Restaurante *L'Azur* de Lisboa

a conveniência levou o senhor Enrique Flor a frequentar aquela sobreloja com feição caseira de restaurante de aldeia (como avaliara outro freguês com quem passara a dividir a mesa e que costumava repetir inexplicavelmente o nome dessa casa de pasto quatro vezes quando o garçom desaparecia)

Mrs Arabella Blackwood lhe mandara um cartão-postal da América do Sul todo escrito atrás em bom português naturalmente pelo seu discípulo que havia decidido adotar (isso não o surpreendeu minimamente) seu nome Enrique mas escrevendo-o com "h" Henrique e também seu sobrenome Flor mas no plural Flores

o cartão-postal estava diante dele sobre a rústica mesa de madeira ao lado do arroz-doce

[primeiro cartão-postal]

Frente uma babosa se enrijece sob as muitas papoulas que lhe caíram por cima as papoulas são como ratos rosados de focinho amarelecido tentando desesperadamente subir de novo agarrados às cruéis serrinhas verdes

Verso É longa (mas avança) a fila dos que pretendem embarcar antes do alvorecer; no andar de cima jovens magros dormem sentados entre as bagagens; um deles cobre os olhos com a blusa azul e estica as pernas sobre duas poltronas; os lampiões (menos os das vitrines) estão acesos.

Assunção (Paraguai), Henrique Flores.

[segundo cartão-postal]

Frente nítida sombra de grandes árvores no chão como uma única folha escura de borda serrilhada — pousada na luz do sol abafando-a inquieta

Verso A pedra rolou e esmagou uma choça ao pé do monte; uma anciã (diz-se) escapou com vida; úmida e escura, a pedra ficou sobre os escombros, como um sapo sorridente de olhos (um tanto) fechados.

São Bernardino (Paraguai), Henrique Flores.

— O correio de Lisboa (I)

apenas uma coxa de barata — ou uma folhinha seca talvez na caixa
enfiada no muro de pedra

meio-dia cálido

[terceiro cartão-postal]

Frente os banhistas atiram para cima no meio do rio uma pelota de meia e pedem socorro

Verso A pelota de meia rolou na grama empapada; a tarde é mais negra em frente do hotel.

Posadas (Argentina), Henrique Flores.

[quarto cartão-postal]

Frente como listras numa roupa as sombras das nuvens se espalham sobre a estrada vazia

Verso Com arma de cabo longo e passo de caçador, o jardineiro arranca palmas secas dentre as palmas verdes, ruído de pano se rasgando.

Ramos Mejía (Argentina), Henrique Flores.

[quinto cartão-postal]

Frente quando a pelota de meia rubra salta por cima da sebe intratável as raízes torcidas se prontificam para agarrá-la

Verso Na manhã nublada, um pescador ágil solta rápido na água a baba densa e enrolada que abraçava e, a seguir, a estende cuidadosamente, navegando para o largo.

Mar del Plata (Argentina), Henrique Flores.

— Encontro em Lisboa (I)

"vegetando" assim de maneira sucinta o senhor Enrique Flor resumiu sua vida com os olhos postos no novo dono da casa de pasto
era uma tarde aprazível e o francês fizera a gentileza de sentar-se à sua mesa atraído pelos cartões-postais espalhados nela

o francês apreciou longamente as imagens pintadas nos cartões-postais

"no bom sentido" acrescentou o senhor Enrique Flor como se o outro lhe tivesse feito uma pergunta
mas o outro ainda examinava mudo os postais indo de Assunção a Mar del Plata e de Mar del Plata a Assunção sem se desviar das localidades menores

"trouxe isto do Brasil" disse o senhor Enrique Flor enfiando com dificuldade a mão trêmula no bolso do paletó
agarrou um sabonete e o depositou na mesa abrindo com as mãos desobedientes o papel de seda que o envolvia
o sabonete nunca fora usado e agora inodoro era rosa

"Alma de Flor" prosseguiu o senhor Enrique Flor "está gravado nele como o senhor notará"

o francês balançou afirmativamente a cabeça os óculos na ponta do grande nariz que roçava o sabonete exposto na mesa ensebada

[sexto cartão-postal]

Frente árvores escorregam em pé do morro deixando atrás muito visível um paredão arranhado que sensível encolhe-se um pouco

Verso Ao longo da praia crescem e vêm na direção dos pés nus gengivas esbranquiçadas famintas, de repente lhes saem muitos dentinhos desordenados e escuros.

Camboriú (Brasil), Henrique Flores.

[sétimo cartão-postal]

Frente operários comem sentados a uma mesa redonda de madeira e ao lado uma torre de cadeiras empilhadas com esmero no topo qual uma coroa quatro pernas finas que arranham o teto descascado da cantina

Verso No último dia de carnaval a garoa cessou, porém a avenida logo se cobriu de infinitos pontinhos; então, gotas bateram sonoramente nas árvores enfileiradas, que se chacoalharam; por fim, caíram em pé grossas serpentinas nas calçadas vazias.

São Paulo (Brasil), Henrique Flores.

— O correio de Lisboa (II)

chegaram de manhã uns vasos de flores para o inquilino irlandês
ficaram enfileirados no pátio junto ao muro de pedra e na caixa do
correio um dos rapazes da floricultura esqueceu um par de luvas grossas
sujas de terra e adubo

inusitadas as luvas pareciam ter sido enviadas do futuro
o inquilino e uma criada intrigados se reuniram atrás da caixa do
correio para examiná-las sem dizer palavra

— Encontro em Lisboa (II)

(Não é hoje.)

4 FLORES

— Despertar (de) novo

Mrs Arabella Blackwood desembarcou em Lisboa encapuzada e entrou num dos barracões do cais onde se pôs a saltitar
chovia muito e o teto do barracão havia sido levado embora pelo vento
em seguida entrou ali caminhando sorridente Henrique Flores
saboreava a água que lhe escorria pela cara queimada
acompanhava-o sua mulher Beatriz Frutos que avançou com as mãos nos ombros dos gêmeos Rosa Frutos Flores e Enrique Frutos Flores ambos de chapéu a fim de empurrá-los para a frente

alguns galhos se moveram no fundo do barracão e depois saltaram para os lados
o senhor Enrique Flor de chapéu de palha estava sentado numa cadeira adormecido e a enfermeira que cuidava dele atirou para trás o último ramo verde que o protegia das goteiras e do vento
uma aranha caminhou na aba esfiapada do seu velho chapéu

a chuva cessou milagrosamente
uma enorme poça porém crescera entre os recém-chegados e o senhor Enrique Flor finalmente abriu e arregalou os olhos verdes

— O enxerto da Praça da Figueira (I)

"dezoito vozes simultâneas cada uma numa estética diferente" explicou ao jornalista um Enrique Flor completamente imerso na organização e nos ensaios do novo concerto a ser realizado dali a quatro dias a céu aberto na Praça da Figueira em Lisboa

de calça branca e camisa preta com um pacote escuro sob o braço um rapaz caminha com extremo cuidado pela rua por causa das poças d'água enquanto uma chuva copiosa lhe encharca a cabeça nua

como se fosse de pano uma vaca no nevoeiro dobra molemente o pescoço para trás várias vezes e o rabo se desloca girando como um ponteiro e roça sua narina úmida

"respeitarei às vezes não a sucessão de cantos e silêncios que as árvores e os pássaros nesta praça nos proporcionam" disse o velho irlandês dando a entender que poderia ou deveria manipular as vozes os timbres naturais no concerto que se anunciava
era o que chamava de enxerto! e essas duas atitudes o respeito e a manipulação constituíam o cerne do legado estético que pretendia transmitir na noite do dia 4 de junho ao povo português

"se considerarmos o trabalho do compositor direi com absoluta convicção que é uma atitude honesta" sentenciou o senhor Enrique Flor "honestíssima"

e bateu palmas para si mesmo!

a vaca deu um salto e escapuliu do curral mas teve de ser trazida de volta pois na noite do dia 4 de junho mugiria no concerto tecendo um diálogo com um soldado[1]

---

[1] Essa parte do concerto foi recentemente recriada pelo cineasta Bruno Napoleão num filme disponível aos interessados no *site* www.centopeia.net sob o título *O que o soldado disse para a vaca.*

— O enxerto da Praça da Figueira (II)

mesas e cadeiras na calçada
num cálice seco um grilo de antenas atentas gira tranquilo como numa almofada que sob seu peso afundasse

o casal sentado à mesa se pergunta se o grilo cantará para eles

"se ainda chovesse ele agora estaria nadando no cálice cheio" pondera a moça

— O enxerto da Praça da Figueira (III)

era apenas um fiapo verde de grama grudado na careca do homem que estivera deitado numa toalha estendida na grama quando ele se levantou molhado de sereno e passou sob um galho baixo o fiapo saltou para trás na direção de uma tocha acesa

o tenor tagarelava com a soprano enquanto insetos circulavam à volta deles de repente ele engasgou virou o rosto para o lado e cuspiu fora um inseto insosso mas como haviam entrado dois na sua boca provavelmente engolira o outro

um inesperado morcego de papel paira entre troncos de palmeiras e luminárias públicas imobilizado no ar embaixo um menino suado saltita sem parar depois quando finalmente o morcego cai no gramado o menino o abraça e o arrasta intacto até um banco de pedra

ouve-se o miado de um gato aterrorizado e em volta da praça um homenzinho vai passando de um telhado a outro de braços abertos atrás do bichano agora paralisado alguns vasos estão caídos na calçada areia e flores se espalharam sobre os paralelepípedos

— O enxerto da Praça da Figueira (IV)

um tigre gigantesco imóvel entre as árvores a cara invisível ao lado das árvores um prédio semelhante a um pudim com gomos inflados no fundo de um beco bonecos inteiros ou destroçados sorridentes ou atônitos todos encaram as lâmpadas feéricas

— O enxerto da Praça da Figueira (V)

um bico curvo longo voltado para cima
a) ânfora assentada em quatro patas ou
b) elefante que aspira a aragem à espera de lançar sua voz às seis da manhã defronte a uma loja de onde saem aos borbotões vasos de todos as cores que amplificam na madrugada o burburinho sob as árvores da praça

quando o pai tenta calçar o sapato no pezinho do bebê o bebê protesta esperneando então o pai lhe dá o sapato para morder

num hino antigo gravado num totem agora exposto no coreto da praça pássaros estranhos estão de perfil

numa gravura presa a um poste de luz um esqueleto de pássaro que dobra as pernas deitado de lado sem espaço na cova para estirar-se mais um ator finge cavar o chão da praça às três da madrugada

um falcão mumificado numa montra parece tentar romper com o bico o invólucro negro que o mantém inerte

— O enxerto da Praça da Figueira (VI)

"não vi todo o funeral bororo" diz o jovem Henrique Flores falando a uns três ou quatro portugueses muito infelizes pois segundo relataram ao músico brasileiro quase foram escravizados na Bélgica por um capitalista

"mas vi um corpo numa cova rasa com galhos verdes por cima"

"no pátio da aldeia"

o jovem Henrique Flores se deita no chão

"sobre o corpo lançavam muita água como se irrigassem um canteiro"[1]

faz um sinal e um dos Frutos Flores lança um balde de água em cima do jovem Henrique Flores começando a virá-lo sobre a cabeça dele e só terminando de esvaziá-lo nos pés

"cobriam a cova com ramos verdes e para lançar a água fresca afastavam os galhos"

os dois Frutos Flores cobrem o jovem Henrique Flores com ramos e galhos verdes

"só queriam os ossos do finado" declara o jovem Henrique Flores com a face coberta de folhas como se as folhas falassem

---

[1] "[...] os parentes, todas as tardes se for preciso, irrigam o túmulo para apressar a decomposição do cadáver a fim de, passado cerca de um mês, finalmente limparem e ornarem os ossos para o sepultamento definitivo" (*Enciclopédia Bororo*, v. I, Campo Grande (MS), 1962: Faculdade Dom Aquino de Filosofia, Ciências e Letras, Instituto de Pesquisas Etnográficas, p. 654.)

"então um dia tiram o esqueleto da cova e o levam da aldeia para a beira de um corgo e a mesma água que serve para lavá-lo será depois sua sepultura"

os portugueses demonstravam incredulidade
por fim opinaram que o jovem Henrique Flores talvez estivesse misturando indevidamente dois funerais diferentes um na terra e outro na água
afinal o Brasil ficava longe e o organista aparentava cansaço após o longo concerto

o dia amanheceu de repente
o jovem Henrique Flores jazia imóvel sob as folhas

os portugueses preocupados levantaram do chão as palmas e os galhos que o cobriam mas não havia ninguém sob eles

"nos passaram a perna!" exclamaram em uníssono

os gêmeos apenas se entreolharam e, traquinas, fugiram saltitando subiram os degraus do coreto batendo os pés e lá de cima voltaram-se para onde os portugueses agora agachados no chão discutiam o sumiço do corpo do pai deles

funcionários da prefeitura recolhem um pedaço de meteorito à luz do sol nascente e se afastam como se retirassem da praça apenas o cadáver de um negro vira-lata

emergindo de uma pedra africana trazida recentemente a Portugal uma lasca de madeira milenar esbranquiçada atrai o interesse dos padeiros que passam nela a mão impunemente

— O enxerto da Praça da Figueira (VII)

o pássaro sobe sem asas visíveis e contorna as nuvens qual uma taturana
que caminhasse numa folhagem vasta banhada de sol
as nuvens se balançam

5 EPÍLOGO

— Canteiro

à luz da manhã o carro de mão projeta um corvo
de costas no chão

— Flor

na verdade Flower

e por que não Flores?

OS ELETOESQUS

Para o menino Bu, adepto confesso do horror poético

O NOVO TEXTO

O sudeste e o sul, no futuro

PREFÁCIO

o sol sai rolando
na asa inclinada do avião
que aterrissa

vai rolando

e antes de rolar pela última vez
fere profundamente dois olhos
presos à janela
como uma broca

a girar

A & B

A)

CZESLAW MILOSZ (1911-2004)

quero as coisas visíveis

diz um poema de czeslaw milosz

ou os sinais visíveis

sem os óculos olha-se o mar

no lusco-fusco o mar é gosma sonora muito próxima

mole e morno[1]

quer-se mais a sua proximidade

então se tem necessidade outra vez de nitidez

B)

o sol vai puxando
e cortando as sombras que havia lançado cedo
há muitos retalhos e fios abandonados no caminho

---

[1] Essa mesma situação é narrada da perspectiva de uma gata, na página 152.

A)

ANÔNIMO (NARRADOR MAIA – SÉCULO XVI)

a *caveira* tocou o rosto

buscou e não achou o olho

emudeceu/cerrou os dedos

não pôde falar *olho*/não tinha um

soube-se morta

enterraram-na os filhos

B)

o sol esquenta o galho do pássaro preto como tição
seu pescoço longo se estica
atento

A)

PAUL VALÉRY (1871-1945)

paul valéry viu o universo

não sei se o desdenhou

era só um pássaro na vastidão

batendo as asas

B)

o sol desliza verde como uma cobra pelo morro de galhos abundantes

A)

LUAZINHA

a palma seca no chão amanhece tão curvada quanto a luazinha acima dela

ambas paradas na manhã clara

B)

um cachorro passeia só
passa rente a um muro iluminado pelo sol
projeta no muro uma sombra tão negra quanto ele

A)

QUANDO O SOL SE AMPLIA DEMAIS

eletoesqus encardidos se acercam da costa

anseiam lavar-se no mar

B)

a luz dá um salto de um morro para outro
e os carros passam na sombra

o sol se espalha à direita de quem segue pela viela
apinhada de indigentes

A)

A FLORA INQUIETANTE

a palma verde se mexe bruscamente

como um pescoço suado de cavalo
a espantar enxames
de moscas

B)

o sol se instala no topo dos edifícios
é uma lata que faísca irrefreável

a lata se enrola abruptamente

A)

ELETOESQUS NO TRÂNSITO

no carro parado na fila cedo um *eletoesqu* arruma os cabelos longos depois estica para fora da janela o braço expondo-o ao sol abre e dobra os dedos como se lançasse fios ou gotas no asfalto

atrás do ônibus a motoqueira de longa peruca loura escapando do capacete negro firma no asfalto o esquelético pé branco calçado numa sandália de finíssimo solado

entre um ônibus maciço e um carro popular alguns motoqueiros se agitam como insetos prestes a esvoaçar pelas bordas da pista única

numa curva fechada plásticos longos pendem dos galhos como perucas transparentes

como ombros sem cabeça os carros passam sem cessar sob as perucas duras de plástico

no ponto de ônibus diante do sol dilatado uma moça de *short* sobe num banco
mantém na sombra o crânio pequeno mas as pernas finas ardem iluminadas

B)

uma luz empoeirada estaciona num canto da manhã
nem sobe nem desce
lenta de repente anda mas de marcha à ré

A)

UM ALBINO EM FUGA

vestido de grená
o atleta albino caminha ao lado do mato verde
escurece

amanhece

sol a pino

B)

um sol rápido pega carona nos carros estacionados
junto às calçadas

A)

NUM *SHOPPING CENTER*

o elevador de vidro para
no térreo

um *eletoesqu* arreganha os dentes
sentado num banquinho junto ao
painel onde tamborila com os dedos

a porta se abre

entra um *eletoesqu* com a peruca pingando

fala calmamente ao celular

um pássaro no primeiro andar
bate uma das asas no vidro

olha atentamente para
dentro do elevador

B)

sentada num banquinho na
esquina deserta ao meio-dia
a estátua limpa a maquiagem
com um largo pano áspero

olha-se ainda branca num espelhinho redondo

A)

URUBUS NEGROS

dentro dos círculos brancos das gaivotas
estridentes

os urubus são levados embora pelo vento
que entorta para o lado seus bicos mudos

B)

dois balões azuis vêm correndo juntos no asfalto
batem ambos num carro
um estoura
o outro sobe em linha reta para o céu
onde o sol nublou-se

A)

O ANDARILHO ALBINO

alto e de óculos escuros

ele toca de leve
o bastão no meio-fio
sozinho na estrada

como se apenas aspirasse o ar da tarde
o sol lhe queima a pele de cal

B)

uma formiga de asas
se remexe
no chão

como um vermezinho que tentasse se livrar
de seus acessórios incômodos

A)

JOVENS EM FUGA

jovens grisalhos
correm ofegantes na beira da estrada
carros saem dos estacionamentos lotados
e entram no fluxo
banhados de sol

B)

o sol se contorce
na terra vermelha mexida

A)

ENGARRAFAMENTOS

o ciclista veloz se vai entre filas
de carros parados

embrulhado numa manta dura como pau
com franjas de arame

* * *

a trilha matinal entre latarias
é infindável

* * *

cada vez que o *eletoesqu* põe a mão
para fora da janela apontando para baixo o cigarro
cai um pouco de cinza no asfalto fumegante

B)

como um pássaro voando de costas
rente ao asfalto
a grande folha de papel dobrada
acompanha

um trepidante caminhão

que atravessa sozinho
os sinais fechados

A)

O AEROPORTO

aviões quase iguais em fila
ou

golfinhos albinos
de pele esticada boiando ao sol

as nadadeiras dorsais são de coloração variável

* * *

atrás dos janelões uma roda de caudas de avião

rígida bromélia banhada em luz ocre

B)

o sol já não estoura nos prédios
que deixam de emitir sinais

exceto o vidro de uma janela entreaberta

onde a luz forte pesa
impaciente

A)

O AUTÓDROMO

um carro pequeno veloz avança com longos fios
negros sobre o teto baixo

como uma cabeleira brilhante e descomunal

logo atrás outro mais velho
traz longos fios brancos

que se curvam cobrindo parte
do para-brisa

uma camionete branca surge devagar

acelera e ultrapassa várias outras
leva nas costas um longo trampolim

que se projeta sobre a pista vazia
depois cheia
e outra vez vazia

canos cinza enchem uma camionete
e apontam para todos os lados

como um grande ouriço trêmulo

B)

no ponto de ônibus

caixas de morangos
empilhadas com esmero

nenhum inseto esvoaça ou pousa ali

nem há alguém

A)

PILOTOS EM AÇÃO

entre gaivotas esganiçadas
o aviãozinho passa e volta
uma luz acesa numa das asas
malcuidadas

o piloto estrebucha sobre
uma ondulação de calor
uma asa branca se espicha
indevidamente

* * *

com seu bico arredondado de lagarta
o aviãozinho passa baixo e oculta-se
atrás da folhagem que o vento chacoalha

B)

o sol passa raspando nos dois prédios quase iguais
arranca pedaços de sombras das paredes repletas de janelas

A)

UM ECLESIÁSTICO EM FUGA

um pesado helicóptero negro
com luzes vermelhas acesas
se afasta ruidoso

em baixa altitude

um vira-lata cor de ferrugem
deitado no pátio de terra
olha serenamente para o lado
oposto

B)

ao meio-dia o pássaro se banha
freneticamente na poça enlameada

então se ergue
as pernas são longas

rodeiam-no pássaros rasteiros
que se agitam ainda
na lama quente

A)

MÃE E FILHA

a mãe traz a filha grande no colo

e ainda segura uma bolsa de palha
que pende entre as pernas longas da menina

como um rabo eriçado

B)

nas bananeiras verdes o sol se rasga e se dispersa
na parede clara o sol se cola sem se franzir

A)

O ANEL

no piso branco da cozinha
formigas diminutas giram formando um anel
amassado

como se o cozinheiro o tivesse
tirado do dedo
e pisado em cima

B)

sob o sol a pino
um saco de plástico
branco
jogado na calçada
se enche de brisa

e alça voo

assedia uma moça
gira à sua volta
e se aproxima do
seu rosto
abruptamente

então leva um tapa
sonoro

e começa a descer
lentamente murchando
atrás da furiosa pedestre

A)

AVES EM FUGA

um vidro ensebado de cima a baixo

ao afastar-se da janela uma gaivota ou garça parece escorregar
no céu ensolarado num voo atrapalhado

que a leva para longe rápido

B)

crescem vastas áreas raspadas e ordenadas
e num canto árvores acuadas ao sol
bem juntas

A)

ALMOÇO CANINO

um punhado de biscoitos cor de tijolo
amontoados numa esquina

para alimentar os cães

apenas passarinhos bicam aqui e ali
caminhando no almoço canino

B)

logo que amanhece vão estourando

um a um os balões soltos na grama

A)

ATAQUE DE INSETOS

no velho fogão a gás diminutas formigas albinas
correm para todas as bocas

como chamas baixas e desgovernadas

vagando a esmo sob a chaleira amassada

B)

o sol pende de uma única sacada do prédio

A)

O RITUAL DO URUBU

ao correr no asfalto quente
o urubu encolhe os ombros

ave decapitada saltitante ao sol

dá as costas para a estrada

é uma ânfora negra

* * *

o urubu é desengonçado no céu claro

ave pré-histórica de uma remota
sci-fi

seus movimentos inverossímeis e acelerados o levam
para perto de um alto pinheiro curvo

B)

cruza a estrada iluminada pelo sol
um balão albino oblongo
como uma melancia

e se refugia num gramado esturricado
onde há uma poça escura

ali
feito uma pedra que mergulhasse na água
desaparece

* * *

a água do mar amanhece flácida
como um comprido balão esvaziado

diante da praia
cachos de balões redondos e coloridos
param em pé
contornando um salão
vazio

A)

FUGA NUM AVIÃO ALBINO

o avião branco anda para trás em silêncio

um homem de macacão branco o acompanha

no pátio vasto não há sombras

* * *

o aviãozinho de madeira
no ar
gira a hélice albina alucinado

se há brisa

B)

o sol se deita vagaroso nas cadeiras brancas
(voltadas para ele no terraço)

toca de leve no espaldar da primeira
se espalha inteiro sobre a última
inclusive pelos pés curvos

A)

O DONO DO *PET SHOP*

arrastando longa mangueira rubra
um *eletoesqu* lava o risonho cachorro
ampliado

preso à parede
do *pet shop*

que fechou

B)

de um lado da estrada o vasto
autódromo vazio

reluz ao sol

do outro lado um cavalinho
em pé

nada o atrai

afunda-se no capim verde
diante de um muro sem sombra

A)

TRÊS (OU MAIS) CÃES DOURADOS

numa varanda cheirando mal

três cachorros dourados deitam-se no piso carcomido

os olhos postos numa porta de vidro

os *eletoesqus* escancaram a porta

profusão de sombrinhas tempestuosas

B)

o sol se oculta atrás do poste de iluminação
o último da ruazinha sem saída

A)

MONA LISA ALBINA

no calor do trânsito moroso
uma janela se abre

surge um claro rosto adolescente

quase sorrindo

mas rápido desaparece atrás
do vidro escuro

que sobe *automático*

B)

caminhões transportam
tubos e reluzem intensamente

param no acostamento

na cabine do primeiro
o rosto branco de uma menina surge olhando para trás

como se ela estivesse ao volante
e freasse a máquina

A)

A GARÇA ALBINA

na anca do corcel estático
a garça se coça sôfrega

desfeita

esfumaçada

B)

cedo
os troncos
e as palmas
se iluminam de novo

as poças
e o mar defronte
não

A)

UMA CIDADÃ ALBINA TONITRUANTE

a moça albina de braços cruzados surge na calçada lentamente

bem agasalhada sob o sol

o som crescente de suas botas de cano alto ecoa na rua

B)

ao lado do sol rodam caminhões pesados

pulam de quando em quando

A)

UM BAMBU ALBINO

do morro que é um gigante deitado

sobe o rastro branco de um avião a jato

como um bambu albino levemente
inclinado

B)

um grande rabo aberto

rastelos
vassouras
rodos
pás
às costas do motoqueiro

que avança

na direção
do aeroporto

A)

O GIGANTE

o grande balão grená divulga ofertas críveis

mas amolece e se deita inclinado no chão

diante de máquinas amarelas rígidas

sob o sol que o castiga é o capacete esquecido

de um gigante da construção civil

B)

jovens de maiô
outras de biquíni
coladas
na ampla traseira

do ônibus que freia
no vazio
desce um senhor

despe imediatamente
a camisa suada

que leva ao rosto

A)

O MEMORIAL

o memorial é feito de grandes caixas de fósforos
fechadas sem rótulo

muito duras

alinhadas umas sobre as outras em prateleiras deitadas no chão da praça

B)

o longo tronco fino parte-se
e as folhas verdes
feito um punho fechado
caem na terra vermelha

mas dado o soco
nada

A)

NADA A DECLARAR

o *outdoor* vazio reluz levemente ondulado
é empurrado na direção do sol
pela mata verde baixa atrás

B)

dois jovens negros de calças verdes
e dorsos nus caminham lado a lado

o mais esguio escoiceia o ar
uma nuvem tranquila de pó se levanta

inclina-se para o lado enquanto ambos
se distanciam céleres
buscando refúgio na mata

onde de braços erguidos giram
na sombra

A)

ARTE PÚBLICA

esculpido em pedra um antigo pé humano
erguido

ainda jovem
banhado de sol

* * *

um cavalo milenar abre as ventas
e arreganha os dentes

de perfil

* * *

rudemente esculpida em madeira negra
a imagem alonga o pescoço

cantarola

as pernas afastadas e os braços
colados ao corpo

B)

o horizonte da gata
é cinza molhado

nas quatro patas
olha para a frente

move
o rabo alçado

solitária[1]

---

[1] Essa mesma situação é narrada da perspectiva de um poeta míope, na página 115.

A)

A TROMBA ALBINA/A PREGUIÇA ALBINA

a tempestade rompe o toldo branco

agora torcido e pendente sobre as mesas úmidas

como uma imensa tromba albina

pinga gotas pesadas

* * *

o saco de plástico sobe
vagaroso da grama

ultrapassa a serpentina do muro
faz sombra na calçada

gruda-se como uma preguiça
albina num alto galho seco

respira ali levemente

B)

os morros estão avermelhados
e diante deles uma vela rubra

segue na direção do sol

minuciosamente

a água fervilha

A)

a sombra do cavalo trotando na praia

não é esfiapada nem saltitante
encolhe na areia úmida

B)

UM *HAIKU* DE KYOSHI (1874-1959)

kyoshi lança um inseto na escuridão – ela é profunda

A)

A ARRAIA

quando a arraia se afasta para o fundo do aquário

estirando o longo rabo

é uma pele solta

removido o possível corpo

com precisão

B)

no alto da encosta um rapaz desaparece
atrás de bambus que se inclinam sobre a estrada

leva às costas uma bicicleta
iluminada por raios oblíquos

A)

NO CEMITÉRIO

alguns túmulos avançam em fila por uma alameda

como carrinhos empurrados

para a frente num mercado

B)

uma gaivota de pescoço encolhido grita elétrica
como um robozinho girando à toa ao sol

as outras fogem dela correndo caladas

nem A)

depois de um ano
o circo volta
ao mesmo balneário

no verão

na entrada
a mesma foto gigante do pequeno *eletoesqu*
mágico

chic como um lorde

a gargalhar

nem B)

perto do continente
escuro

apenas uma ilhota

que o sol embrulha

e arrasta para junto de si
como um pacote

C & D

C)

O ANDARILHO ALBINO

alto e de óculos escuros
o jovem toca o bastão no meio-fio

sozinho na estrada

como se apenas aspirasse o ar da tarde
o sol lhe queima a pele de cal

D)

no meio da pista
tremulam
as calças negras

e os cabelos brancos
escorridos

da jovem albina

(...)

seus lábios grossos
se abrem

E & F

E)

O ANDARILHO ALBINO

alto e de óculos escuros

o *eletoesqu* trêmulo apoia
o bastão no meio-fio
sozinho na estrada

meio diluído em bafo

F)

com o basto cabelo branco
amarelado
a esconder-lhe o rosto de cal

a rechonchuda moçinha

em pé no meio-fio

aguarda uma brecha

(…)

O ANTIGO TEXTO

O centro-oeste, no passado

PREFÁCIO

o que se vai ler é uma versão do *conte d'angoisse* "Le horla" de Guy de Maupassant

é também (e acima de tudo) o antigo texto que anuncia o calor abrasador do novo texto apresentado nas páginas anteriores

por isso o que diz tinha de se passar no centro-oeste brasileiro

não em Cuiabá ou Corumbá mas em Campo Grande

pois foi no verão de Campo Grande que senti e depois vi o Bafo

um vilão tropical

>   *Et mon œil à moi ne peut distinguer le nouveau venu qui m'opprime.*
> Maupassant

Florianópolis, 2002-2012

BAFO

Campo Grande, Mato Grosso do Sul, século XX
Dearce e eu visitamos o Museu do Índio
Na cidade habitavam árabes, japoneses e paraguaios

* * *

* * *

um BAFO sob a lua entre aeronaves
pousadas (fuselagens iguais)

* * *

luzes da (ao lado da) estrada
o BAFO silencioso/o BAFO pesaroso
se arrasta sobre a esteira rolante
que trepida

BAFO irreprimível...

   ... sopra um halo em torno da
                                     lua

uma fachada escura, avenidazinha arborizada
— a geladeira ligada
é a (certamente) única estremecida;
...,
(como se nada sonhasse sob as árvores
baixas)

       (FIM?)

—;
ronca a caixa d'água: vazia, glup!, esvazia-
da:
( )

— silêncio sem ventiladores/caturritas espicaçadas
: FIM?

F-I-M?

....
: manhã ensolarada; uma
lata de tinta aberta —

— sol verdadeiro secando meias que põem
sombras (espessa tinta re-
cente que vacila, às vezes (não) escorre)

— o BAFO: cresce, eleva-se — bem alto: senhor de si

(A...)

(ooo)

— ... ruas fundas (retas), copas (verdes)
que (se ab)arrotam [(quentura de...)]

—/folha-lixa

— garagens abertas: grades suspensas

— um BAFO (um cheiro de cozido) aparece
no fundo de costas e se corta no ar
: como feito de barras em pé

— (um BAFO gripado, nauseabundo – concentrado nalgum re-canto)

— abafado (meio-dia); sombras paradas (até o meio da rua) — nada se passa sob o sol minguante

— as sombras se acendem de novo (palidamente) no asfalto, como líquido seco

— o BAFO se agita, circula (são), ou se assenta (obeso ((na mesma moldura)))

— buraco: (mais comprido do que a rua) onde o BAFO BRILHA

— BAFO-redemoinho: se fecha e se espalha

— o BAFO corre, regurgita: num mercado arborizado vazio

— nuvens descem: uma porta de ferro (silenciosa); o BAFO absorve o sopro fresco, vai e vem

— a chuva desaba sobre o BAFO como sobre um galpão (de zinco)

— filas de árvores de um só verde se conduzem das ruas para a mata (que encerra: a cidade)

    (F-IM?)

— lama vermelha entre dois muros altos: o rastro do BAFO (sumido na mata fechada baixa): um banco vazio contra a escuridão verde

— estrada de terra feita em pedaços: grandes rastros (abóboras vivas, esmagadas)

— o BAFO espreita por detrás dos troncos finos:
e cresce como capim, avançando

— nuvens pesadas (pálpebras inchadas
) fecham-se

— (faixas de) paredes finas/árvores invasivas: rompimento de canos, grades

— a fumaça de uma
árvore dura [locomove-se no vento]; vagões de tijolos

— fios mastigam (maceram copas); quintais acolhem o cemitério úmido: revirado

— O BAFO
   O
  (refresco?)

     O

       O

(FIM?)

— o BAFO se esparrama; (ou, mole, se desgruda da casca, banana); é mais fixo, o BAFO, pegado em tudo, do que o sujo capinzal, e tão baixo quanto

— O (BAFO) atrás da cortina perfurada imóvel

— o BAFO imóvel: dormido, sonolento, de
olhos fixos no ( ), sem mover um ór-
gão – insistente: "13",
"14", "15" horas

— (o motor dispara; ou não se desliga)
....
— "...", murmura o rádio que o rato ligou. "...", murmura como se a dele fosse a voz do BAFO

— "Lua empoeirada", o BAFO (o rádio que o rato ligou sem querer) murmura, apontando para o halo borrado

— cadeiras soltas na calçada, círcu-
lo — não se tropeça nunca nelas

— "Copas se erguem escuras atrás das casas fechadas", diz o rádio do rato (o BAFO). "Erguem-se para olhar os raios, os faróis, o ..."

— asfalto manchado:

— "Lâmpadas amarelas acesas", diz o rádio que o rato ligou por acaso (parece a voz do BAFO), "acesas sobre as copas, e sombras intactas, fechadas, sob as copas."

(não aferrolham / escancaram/a janela
entreaberta; nem retiram a chave da porta
— o BAFO aguarda (mole).)

— "Certa luz perdura", diz o rádio do rato (é como a voz do BAFO), "sobre as máquinas desativadas?"

    (FIM?)
....

— o chapéu do BAFO é telha de vidro alta,
solitária ao sol

— nuvens esparsas tão ou mais imóveis do que as caixas secas sobre os telhados retos

— claridade desbotada: o BAFO se cobre de sombra uniforme

— sombras (de chuva): o BAFO - exausto - se deixa carregar, arame solto

— brilho gelatinoso na parede: (em nenhum rosto)

(o BAFO se guarda dentro do pequeno veículo — *sport*...) (...cujos vidros ninguém desce)

      (FIM?)

Noite e dia como uma presença...
Ou uma ausência... ou...
Presente, ausente

      * * *

      * * *

      (FIM?!)

(nuvens descem como um toldo sobre os janelões ( ) — nuvens batem no campo reto.)

* * *

* * *

FIM.

PÓS-ESCRITO

* * *

Locutor:
Senhores, um ( )¹, um ( )² sobe
Da terra quando a luz do sol
(O) multiplica: ( )³

---

[1] Acredito que a palavra totem seja apropriada aqui.
[2] De novo, a palavra TOTEM, neste caso em caixa alta.
[3] A palavra totem novamente.

SOBRE OS *ELETOESQUS* ORIGINAIS

Na fronteira do Brasil com o Paraguai, são figuras lendárias. Em Bela Vista (MS), qualquer pessoa, ao sair de casa sem chapéu ou sombrinha, pode transformar-se em *eletoesqu* (um bafo de verão), se o sol estiver muito forte e a rua deserta. Antigamente, as ruas de lá estavam sempre desertas, em certas horas do dia.

SOBRE O AUTOR

Sérgio Medeiros nasceu em Bela Vista (MS) e atualmente reside em Florianópolis (SC). Ensina literatura na Universidade Federal de Santa Catarina - UFSC. Traduziu para o português, entre outros, o poema maia *Popol Vuh* (Iluminuras, 2007), em colaboração com Gordon Brotherston. Publicou *Mais ou menos do que dois* (Iluminuras, 2001), *Alongamento* (Ateliê, 2004), *Totem & sacrifício*, edição bilíngue português/espanhol (Jakembó, 2007, Assunção, Paraguai), *O sexo vegetal* (Iluminuras, 2009), finalista do Prêmio Jabuti 2010 e lançado nos Estados Unidos sob o título *Vegetal sex* (UNO Press/University of New Orleans Press, 2010), e *Figurantes* (Iluminuras, 2011), todos livros de poesia.

CADASTRO
ILUMINURAS

Para receber informações sobre nossos lançamentos e promoções envie e-mail para:

cadastro@iluminuras.com.br

Este livro foi composto em Garamond pela Iluminuras e terminou de ser impresso no dia 06 de junho de 2012 nas oficinas da *Orgrafic Gráfica*, em São Paulo, SP, em papel offset, 120 gramas.